おきなわ木材手帖

おめかし工場

はじめに

『おきなわ木材手帖』は沖縄に自生している木の中から、家具や小物雑貨、建材等に使用できるものを掲載しております。

手帖には二十二種類を掲載し、木材サンプルと手帖を含めた商品『OKINAWA』内には、二十一種類の実物木材サンプルを同封しております。

これまで沖縄の木は、県外産のスギ材やヒノキ材、良質な新建材に供給面とコスト面で太刀打ちできず、家づくりや内装、家具作りに置いて必然と選択肢から外されてきました。

そのため「沖縄の木は小物などの製作物程度で建築や家具には適さない」という認識が、沖縄県内の建築、設計、木工業者の常識として存在しています。（木工作家は別）

このような経緯から、私は木工所に十七年いるにもかかわらず、沖縄の木の木目や硬さ、色模様の知識がほとんどありませんでした。

ある時、沖縄の木を使った家具の製作依頼がきました。いろんな図鑑を調べても、木の葉や花に関する資料ばかりで、お客様と製作側が知りたい木目や色模様が詳しく載っている本はどこにもありませんでした。これではお客様に説明できない……。恥じる気持ちが動機となり、いろいろ調査を重ねて『おきなわ木材手帖』を作りました。

この手帖は、私がこれまで見てきた本や図鑑とは違い、お客様と製作側が本当に知りたかった情報を製作側の目線で書かせていただきました。理解しづらい部分もあるかと思いますが、どうかご了承ください。この実践向き『おきなわ木材手帖』と実物木材サンプルのセット『OKINAWA』が、皆さまのお役に立つことができれば弊社一同幸いでございます。

もくじ

撮影地域マップ

本書は、左ページの下線部が引かれた地域で撮影した写真を掲載しております。沖縄県には現在四十一の市町村がありますが、この地図には本書製作のために足を運んだ二十七の地域のみを描いております。本文中によく登場する「やんばる（山原）」とは主に沖縄の北部地域一帯のことをいいますが、明確な定義はございません。

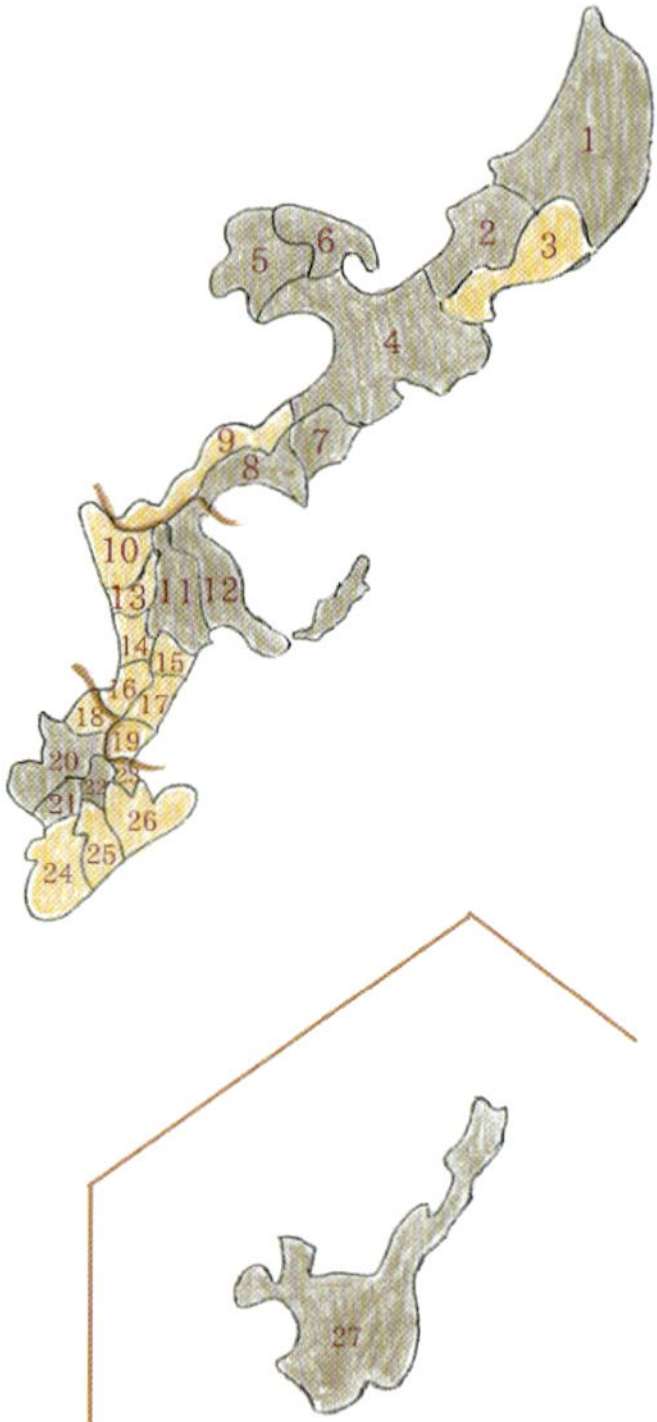

本島北部

1 国頭村《くにがみそん》

2 大宜味村《おおぎみそん》

3 東村《ひがしそん》

4 名護市《なごし》

5 本部町《もとぶちょう》

6 今帰仁村《なきじんそん》

7 宜野座村《ぎのざそん》

8 金武町《きんちょう》

9 恩納村《おんなそん》

本島中部

10 読谷村《よみたんそん》

11 沖縄市《おきなわし》

12 うるま市

13 嘉手納町《かでなちょう》

14 北谷町《ちゃたんちょう》

15 北中城村《きたなかぐすくそん》

16 宜野湾市《ぎのわんし》

17 中城村《なかぐすくそん》

19 西原町《にしはらちょう》

本島南部

18 浦添市《うらそえし》

20 那覇市《なはし》

21 豊見城市《とみぐすくし》

22 南風原町《はえばるちょう》

23 与那原町《よなばるちょう》

24 糸満市《いとまんし》

25 八重瀬町《やえせちょう》

26 南城市《なんじょうし》

離島

27 石垣市《いしがきし》

材の入手難易度・材の硬さ一覧表

私たちが実際に感じた木材の入手難易度と硬さを分かりやすく表にまとめました。これらの表はあくまでも私たちが感じた通りの順番であって、一概にこの通りであると示すものではございません。この本を手にとって下さった皆さまに私たちが肌で感じた感覚を共有するためのものです。

材の入手難易度　一覧表

難易度（易→難）	樹種
*	リュウキュウマツ
**	イタジイ／クスノキ／センダン／ソウシジュ
***	アカギ／イジュ／ウラジロエノキ／ガジュマル／デイゴ／ハマセンダン／フクギ／ホルトノキ
****	イスノキ／イヌマキ／タブノキ／モクマオウ／モモタマナ
*****	オキナワウラジロガシ／テリハボク／ヤエヤマネコノチチ／リュウキュウコクタン

材の硬さ　一覧表

硬さ（軟→硬）	樹種
*	デイゴ
**	
***	ウラジロエノキ／ガジュマル／ハマセンダン
****	イジュ／クスノキ／センダン／ホルトノキ／リュウキュウマツ
*****	イタジイ／イヌマキ／テリハボク／フクギ／モモタマナ
******	タブノキ／ヤエヤマネコノチチ
*******	ソウシジュ
********	アカギ
*********	オキナワウラジロガシ／モクマオウ／リュウキュウコクタン
**********	イスノキ

一　アカギ　赤木

撮影日時　2019年2月18日(月)　午前10時半ごろ

撮影場所　那覇市　　　　　／ 撮影時の天候　晴れ

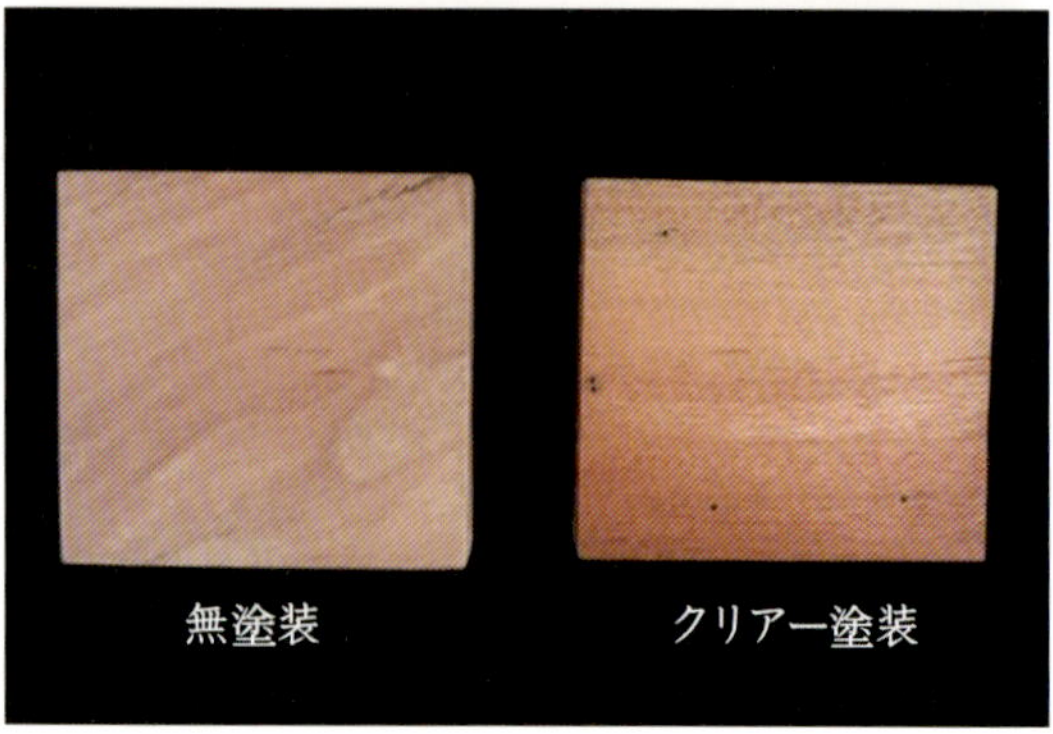

材の入手難易度　*****
方言名　タイワンギ、ハーキ
分類　トウダイグザ科アカギ属、常緑高木
主な産地と分布　台湾、南中国、インド、マレーシア、ポリネシア、熱帯各地、沖縄
樹皮の特徴　やや赤みのある茶色でミノムシの巣のように皮が覆いかぶさっている。
材の硬さ　**********
材の色味と模様　辺材は淡い黄土色、心材は濃い赤土色。アピトン材よりも赤みが強い。若木は橙色で、年月が経ったものはマグロの赤身のような色になる。木目は落ち着いていてとても上品。
材の香り　ほぼ無臭である。
材の特徴　材は硬く、強度は大。割れや反りが起こりやすい。強い耐久性はあるが、シロアリに弱い。
主な用途　公園樹、街路樹、防風林、家具材、小物、織物の染料（樹皮）
家具建材用途　建材用途は、割れや反りが起こりやすい為不向き。家具は、一枚板のテーブル天板などに良いが、板をはぎ合わせるのは容易ではない。小物雑貨向き。

ニイジュ　伊集

撮影日時　2019年3月19日(火)　午後4時半ごろ

撮影場所　うるま市　／　撮影時の天候　晴れ

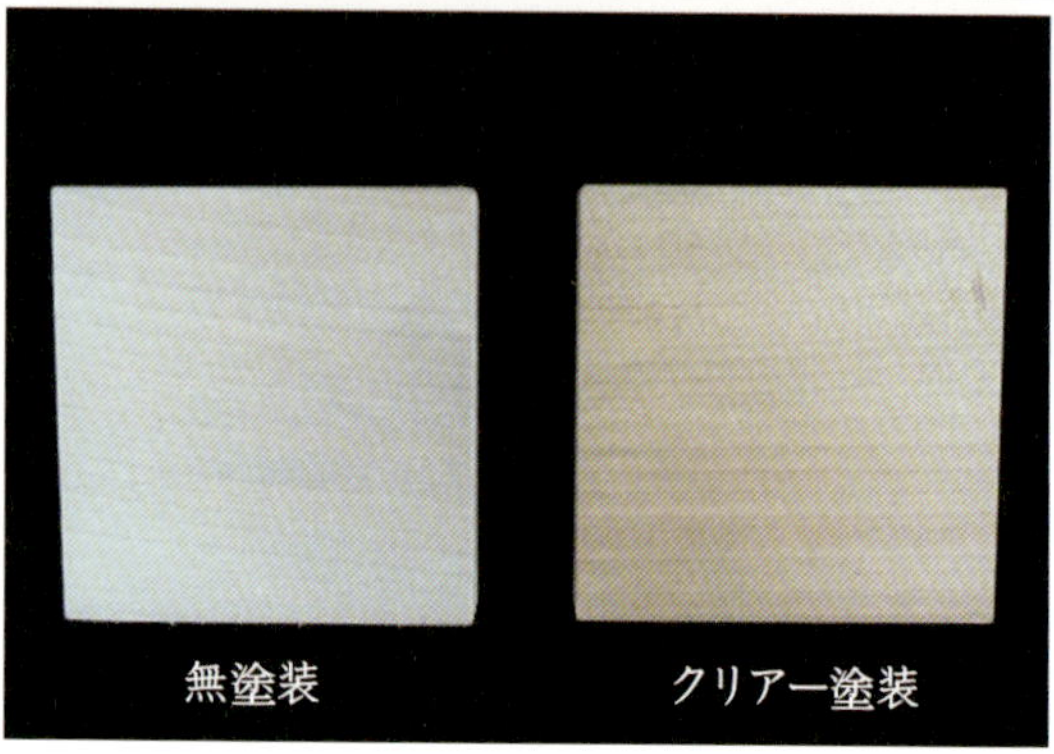

材の入手難易度	＊＊＊＊＊
方言名	イジュ
分類	ツバキ科ヒメツバキ属、常緑高木
主な産地と分布	奄美大島、沖縄（北部〜中部）、小笠原諸島
樹皮の特徴	焦げ茶色。浅く縦横に割れがあるが、縦割れの方が目立つ。クスノキよりも割れは浅い。
材の硬さ	＊＊＊＊＊＊＊＊＊＊
材の色味と模様	全体的に非常に淡い薄桃色で、心材は黒っぽい茶色。それほど主張のない控えめな木目。
材の香り	ほぼ無臭である。
材の特徴	緻密ではあるが硬さは並で、ヒバと同等。
主な用途	庭園樹、公園樹、街路樹、各種用材
家具建材用途	家具建材ともに向いているが、幅広の木が無い為大きな板材は無い。
備考	昔は魚を獲るための魚毒として樹皮が使用されていた。（現在は禁止されている。）

三　イスノキ　柞・蚊母樹

撮影日時　2019年3月14日(木)　午後4時半ごろ

撮影場所　沖縄市　／撮影時の天候　晴れ

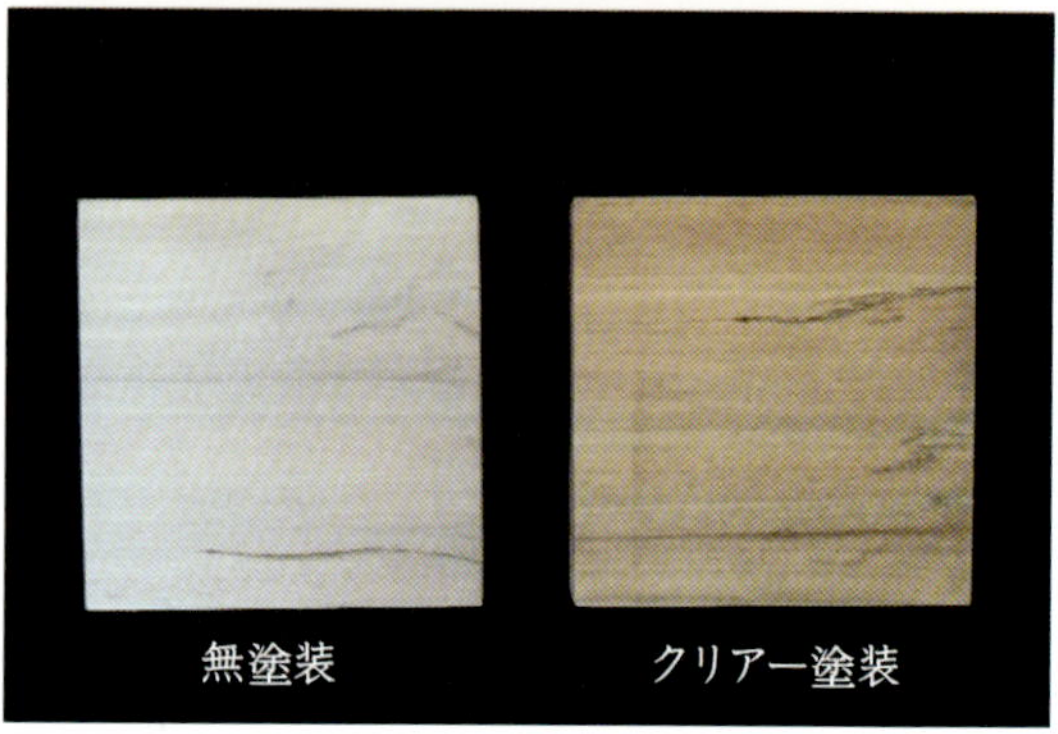

無塗装　クリアー塗装

材の入手難易度	＊＊＊＊＊
方言名	ユシギ
分類	マンサク科イスノキ属、常緑高木
主な産地と分布	台湾、中国、本中南部、四国、九州、沖縄
樹皮の特徴	非常に薄い紫色と灰色が合わさった色で、いたる所に白い斑点が見受けられる。
材の硬さ	＊＊＊＊＊＊＊＊＊＊
材の色味と模様	心材は淡い紅色～紫を帯びた茶色、辺材は紅色～黄味がかった淡い茶色。上品で美しい木目をもつ。月日が経つと赤みが増していく。
材の香り	ほぼ無臭である。
材の特徴	日本の木材の中でも最重量クラスに属する。強度も大。切削やその他の加工は困難。一般の用途には重く硬すぎる。肌目は緻密。割れが多少見受けられる。
主な用途	屋敷林、公園樹、街路樹、木櫛材、楽器材（三線の棹など）、薪炭材、木刀
家具建材用途	建材としては硬くて加工が困難なため不向き。家具としてはテーブルの脚等は可。
備考	沖縄の宜野湾市には「いすのき通り」という通りがある。

四　イタジイ　椎

撮影日時　2019 年 4 月 7 日(日)　午後 2 時ごろ

撮影場所　大宜味村　　／ 撮影時の天候　晴れ

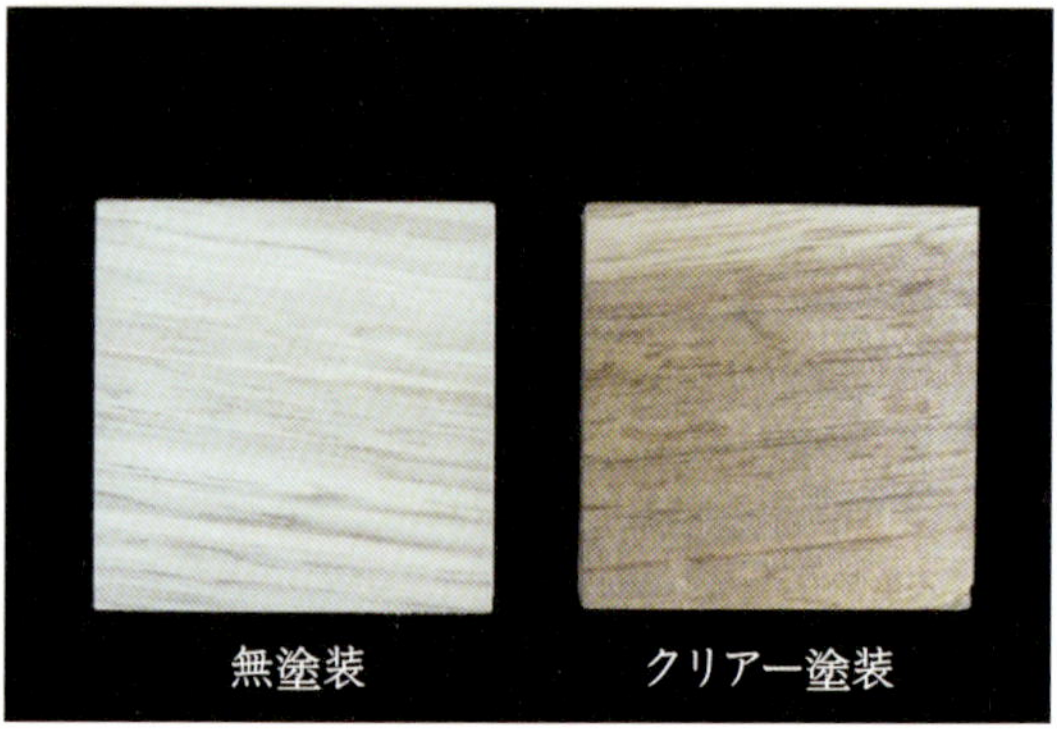

材の入手難易度	＊＊＊＊＊
方言名	シイヌキ
分類	ブナ科クリカシ属、常緑高木
主な産地と分布	関東～九州、沖縄（北部の山に多数自生）
樹皮の特徴	全体的に薄い灰色で、V字の溝が掘られたような縦割れがある。
材の硬さ	＊＊＊＊＊＊＊＊＊＊
材の色味と模様	心材は黄味がかったベージュ。辺材は心材よりも色が濃く、木目も荒い。
材の香り	ほんのりゴムのような香りがするが、ほぼ無臭である。
材の特徴	スギ材よりやや硬め。割れや反りが起こりやすいが、水湿には強く肌目は粗い。
主な用途	建築材、器具材、薪炭材、土木、シイタケの榾木、魚網の染料
家具建材用途	長い材は取れないので建材には少々不向き。家具製作は良好。
備考	小さなどんぐりの実をつけ、生でも食べることができる。山に住む動物たちのエサになるため、北部の山の生態系を守る重要な役割を持っている。

五　イヌマキ　犬槇

撮影日時　2019年3月11日(月)　午後3時ごろ

撮影場所　大宜味村　　　　／撮影時の天候　曇り

無塗装　　　クリアー塗装

材の入手難易度	*****
方言名	チャーギ
分類	マキ科マキ属、常緑高木
主な産地と分布	中国、本州西南部~九州以南、沖縄
樹皮の特徴	薄茶色で灰色の斑が所々にある。縦に細かく避けていて、雨ざらしになったベニヤ板のように簡単にベロンと剥げる。樹皮が剥げるとスベスベで薄茶色の幹が見える。
材の硬さ	**********
材の色味と模様	心材はほんのり赤土色で、辺材はベージュ色。木目は柾目・板目ともにはっきりしている。
材の香り	皆さんが想像する基本的な木材の香り。ほぼ無臭。
材の特徴	ヒノキと同等の硬さで並。肌目は緻密で、割れや反りなども無いので工作は容易。 シロアリに強く、耐久性がある。
主な用途	庭園樹、建築材、家具材、器具材
家具建材用途	建材として最高の材であるが、沖縄自生のものは今ではほとんど流通していないため県産材の利用は困難。県外産のものは入手可。幹が細いため天板などには不向き。
備考	蛾の幼虫「キオビエダシャク」による食害で著しく減少している。

六　ウラジロエノキ　裏白榎

撮影日時　2019年4月7日(日)　午前10時ごろ

撮影場所　名護市　／撮影時の天候　晴れ

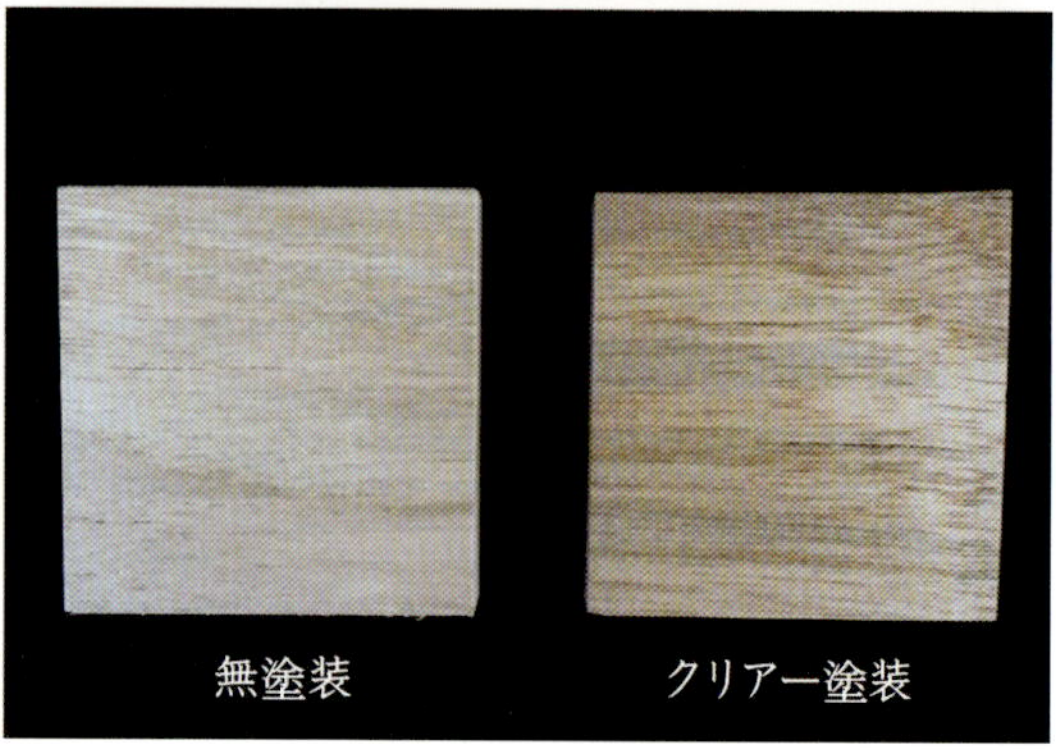

無塗装　クリアー塗装

材の入手難易度	＊＊＊＊＊
方言名	ホンギ、ヤマフクギ
分類	ニレ科ウラジロエノキ属、常緑高木
主な産地と分布	ポリネシア、南中国、台湾、屋久島、種子島、奄美大島、沖縄（北部）
樹皮の特徴	薄茶色に灰色が混ざった色。イボ状の突起が沢山あり、太い幹は地割れのようになる。
材の硬さ	＊＊＊＊＊＊＊＊＊＊
材の色味と模様	全体的にグレー系の白色～淡い黄味のある茶色。色・木目共にメラピー材と似ている。
材の香り	ほぼ無臭。
材の特徴	軽軟で加工は容易。メラピー材とほぼ同等。
主な用途	下駄、器具材、建具材、薪炭材、パルプ原料、製紙原料
家具建材用途	家具・建材ともに良好。幅広材もあるので天板等も製作可。天板の剥ぎ合わせも良好。

七　オキナワウラジロガシ　沖縄裏白樫

撮影日時　2019 年 4 月 7 日(日)　午後 1 時半ごろ

撮影場所　大宜味村　／　撮影時の天候　晴れ

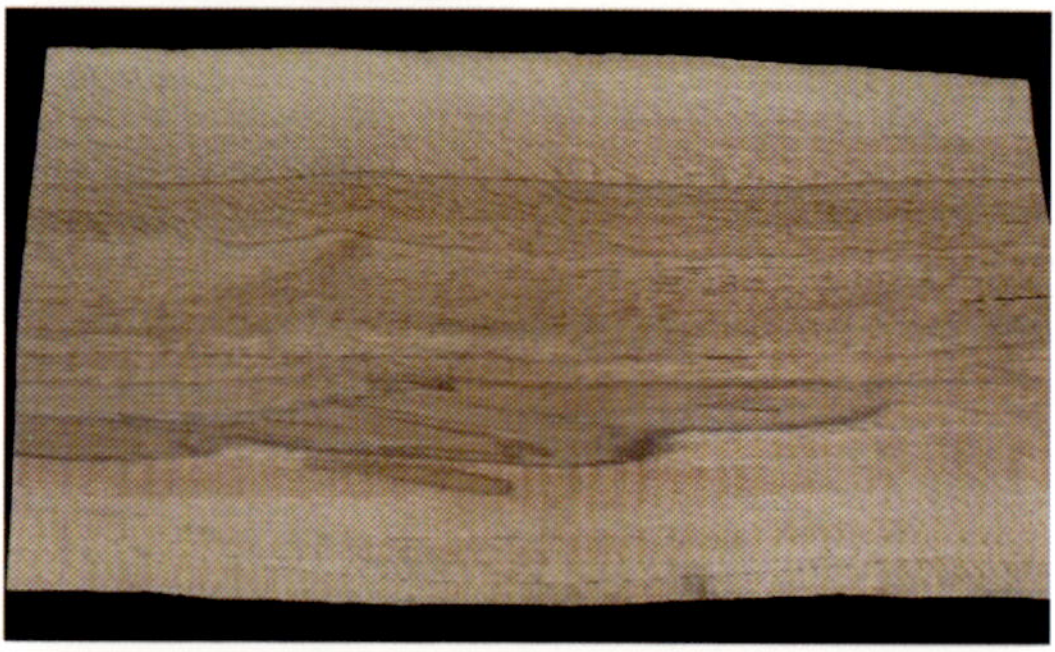

無塗装

クリアー塗装

材の入手難易度	＊＊＊＊
方言名	アカガシ、カシノキ、カシ
分類	ブナ科コナラ属常緑高木
主な産地と分布	沖縄
樹皮の特徴	赤茶色と灰色が混ざった色で、所々に白い斑点と薄い縦模様がある。
材の硬さ	＊＊＊＊＊＊＊＊
材の色味と模様	心材は赤みのある茶色で、辺材は白っぽいグレー系の茶色。木目はオーク材の特徴である斑が出るが、通常よりもかなり太く力強い。まるで野生動物の毛並みのようである。
材の香り	ほぼ無臭。
材の特徴	重量感があり、硬く緻密である。メープル材より少し硬い。
主な用途	緑陰樹、建築材、機械材、船舶材、薪炭材
家具建材用途	家具や建材には向いているが、硬いため加工は容易ではない。
備考	首里城の丸柱や守礼門は全てオキナワウラジロガシの心材であった。オキナワウラジロガシは、日本で一番大きなドングリをつける。この木は山奥にしか生えておらず大変希少性が高い。絶滅危惧種Ⅱ類に分類されている。

八　ガジュマル　榕樹

撮影日時　2019年2月9日(土)　午後4時半ごろ

撮影場所　那覇市　／ 撮影時の天候　曇り

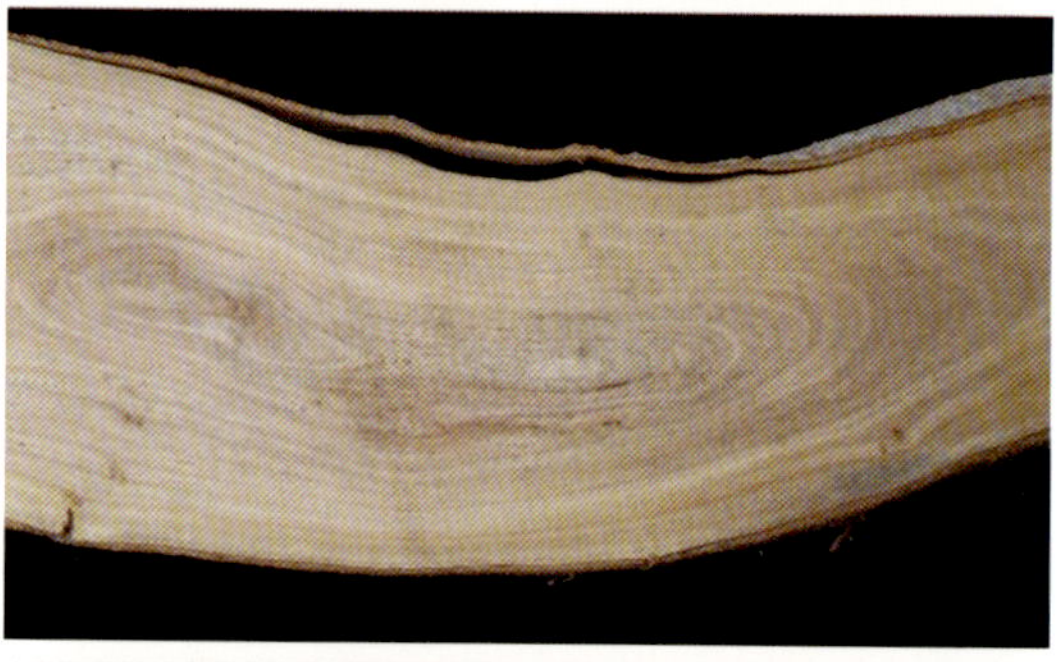

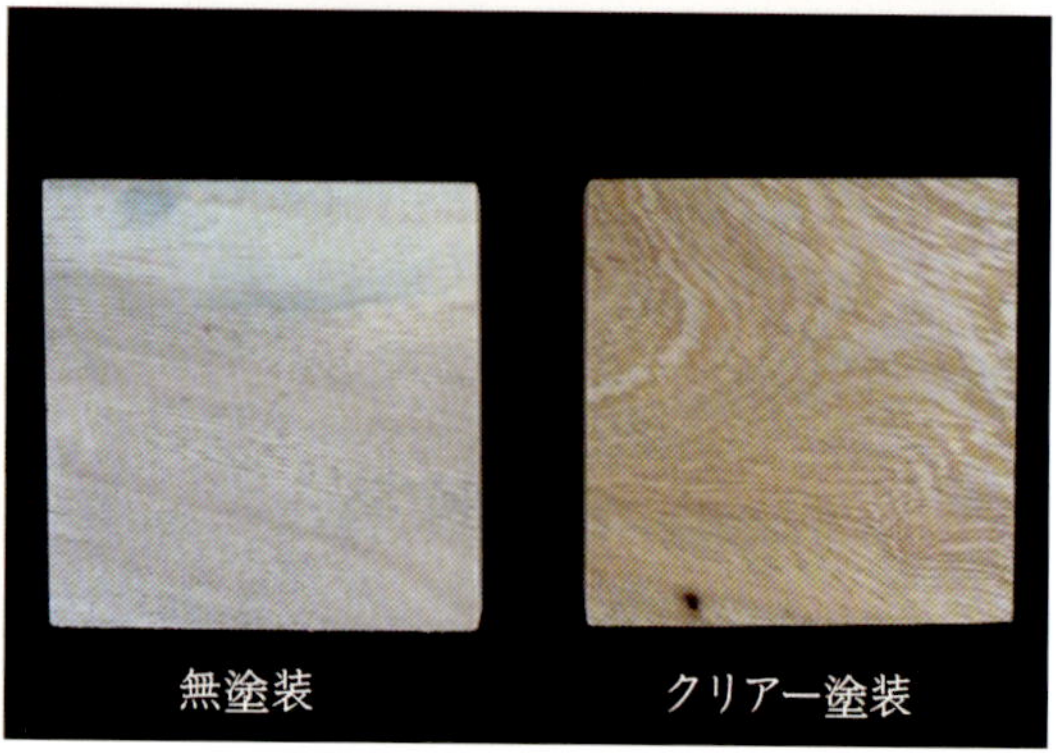

材の入手難易度	＊＊＊＊＊
方言名	ガジマル
分類	クワ科イタビワ属、常緑高木
主な産地と分布	台湾、オーストラリア、屋久島、沖縄
樹皮の特徴	全体的に薄い灰色。成長するにつれて、髭のように細く垂れ下がった根が幹と複雑に絡み合い同化して、もともとの幹なのかどうか分からなくなる。
材の硬さ	＊＊＊＊＊＊＊＊＊＊
材の色味と模様	辺材はグレー系の白色で、心材は黄味がかった茶色。年輪のような模様が度々出る。
材の香り	草むらに入ったときや草刈りをしているときのにおい。
材の特徴	軟らかく加工し易いが、割れやすく虫に弱い。
主な用途	防風防潮林、街路樹、緑陰樹、盆栽、漆器材、器具材、薪炭材、ろくろ
家具建材用途	虫に弱く、割れやすいので家具建材ともに不向き。小物や雑貨等には良好。
備考	沖縄では身近に生えていて県内外でも認知度は高いが、木材としてあまり流通していない為、この木の木目を知る人はほとんどいない。沖縄の伝説上の精霊「キジムナー」の宿る木として有名。

九　クスノキ　樟・楠

撮影日時　2019年2月9日(土)　午後4時半ごろ

撮影場所　那覇市　／撮影時の天候　曇り

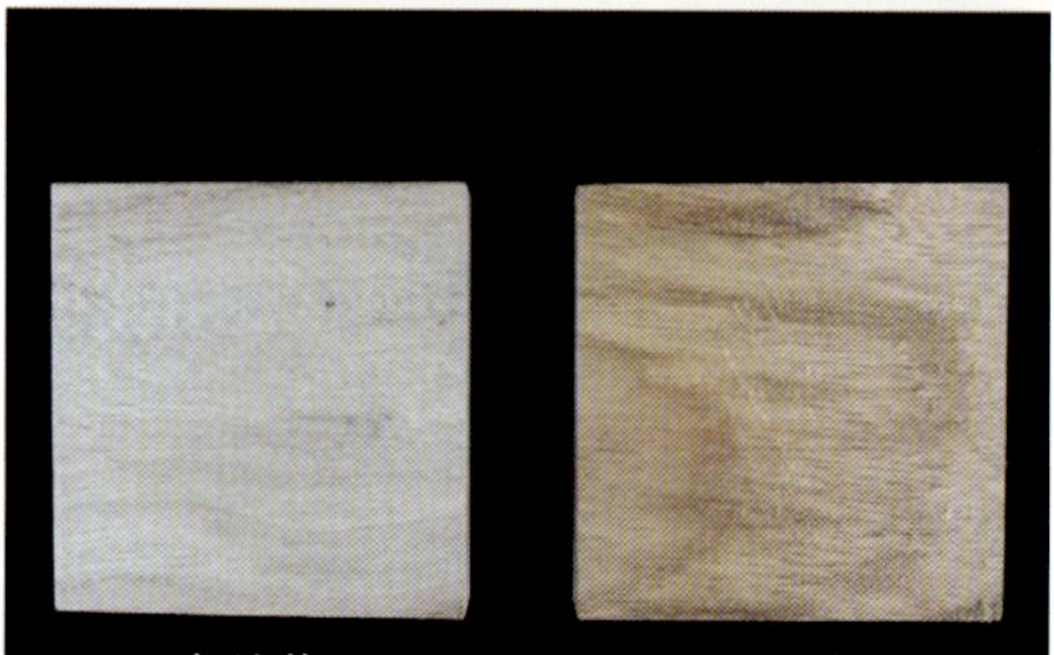

無塗装　クリアー塗装

材の入手難易度	＊＊＊＊＊
方言名	クス、クスヌチ
分類	クスノキ科クスノキ属、常緑高木
主な産地と分布	中国南部、朝鮮、関東南部以南、四国、九州、沖縄
樹皮の特徴	灰色に薄い茶色を混ぜた色。深い縦割れが多数ある。幹からはそこまで香りはしない。
材の硬さ	＊＊＊＊＊＊＊＊＊＊
材の色味と模様	辺材はグレー系の白色〜淡い茶色で、心材はイエロー系の茶色〜赤みがかった茶色。肌目は粗く、交錯した美しい木目を持っている。木目の出方や色が異なる場合がある。
材の香り	スーッとした爽やかな樟脳の香りがする。切れ端だけでも空間がクスノキの香りで満たされるほど香りは非常に強い。
材の特徴	加工は容易であるが、乾燥後でも伸縮率が高く、いつの間にか縮んでいることがある。
主な用途	公園樹、街路樹、建築材、家具材、船舶材、彫刻材（仏像など）、器具材、樟脳油
家具建材用途	家具、建材ともに良好。幅広の材もあるのでテーブル天板などに向く。

十 センダン 栴檀

撮影日時　2019年3月11日(月)　午前10時ごろ

撮影場所　本部町　／撮影時の天候　晴れ

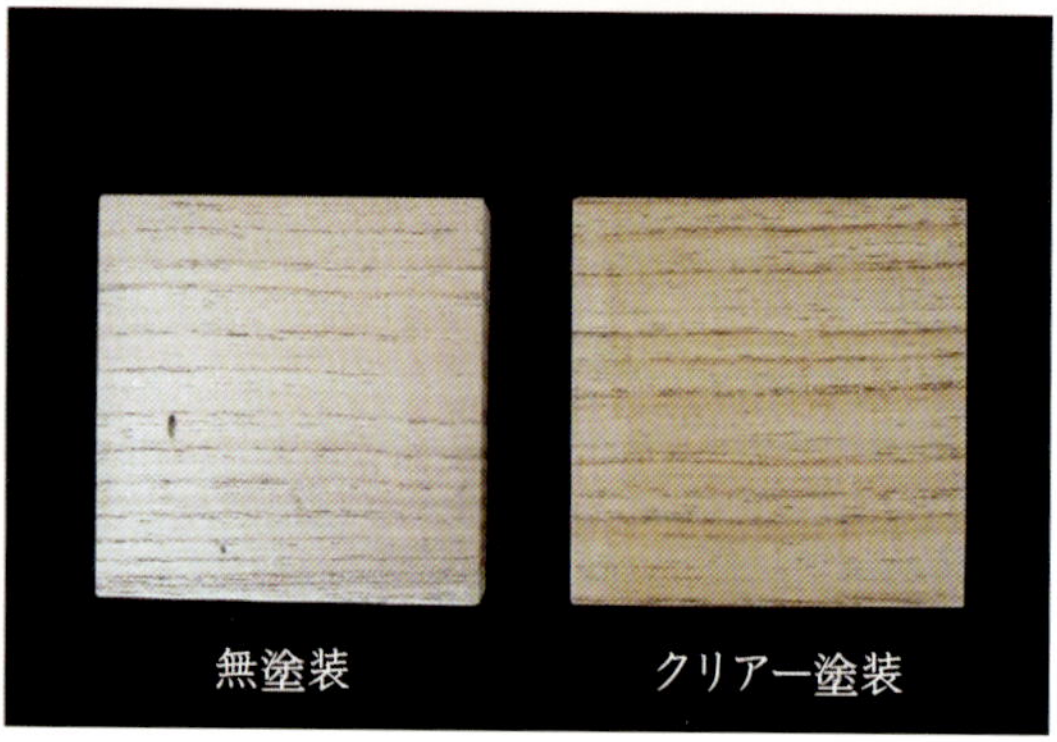

材の入手難易度	＊＊＊＊
方言名	シンダン、シンダンギ、センタン
分類	センダン科センダン属、落葉高木
主な産地と分布	ヒマラヤ、台湾、中国、朝鮮南部、伊豆半島以南、四国、九州、沖縄
樹皮の特徴	灰色にベージュ系の茶色が混ざった色。縦や斜めに傷のような割れがあるが、クスノキよりは浅い割れである。
材の硬さ	＊＊＊＊＊＊＊＊＊
材の色味と模様	辺材は薄い茶色で、辺材は赤みを帯びた茶色。木目はハッキリしていて地層に似ている。
材の香り	全体的に鉛筆のような香りがする。部分的にほんのり甘い香りもする。
材の特徴	軽軟ではあるが、強度あり。割れなどが少なく安定していて加工は容易である。
主な用途	庭園樹、公園樹、街路樹、建築材、家具材、器具材、楽器材
家具建材用途	家具建材共に良好。家具は何でも対応可能。
備考	沖縄自生のものは年々減ってきている。

十一　ソウシジュ　相思樹

撮影日時　2019年2月9日(土)　午後2時半ごろ

撮影場所　那覇市　　／撮影時の天候　曇り

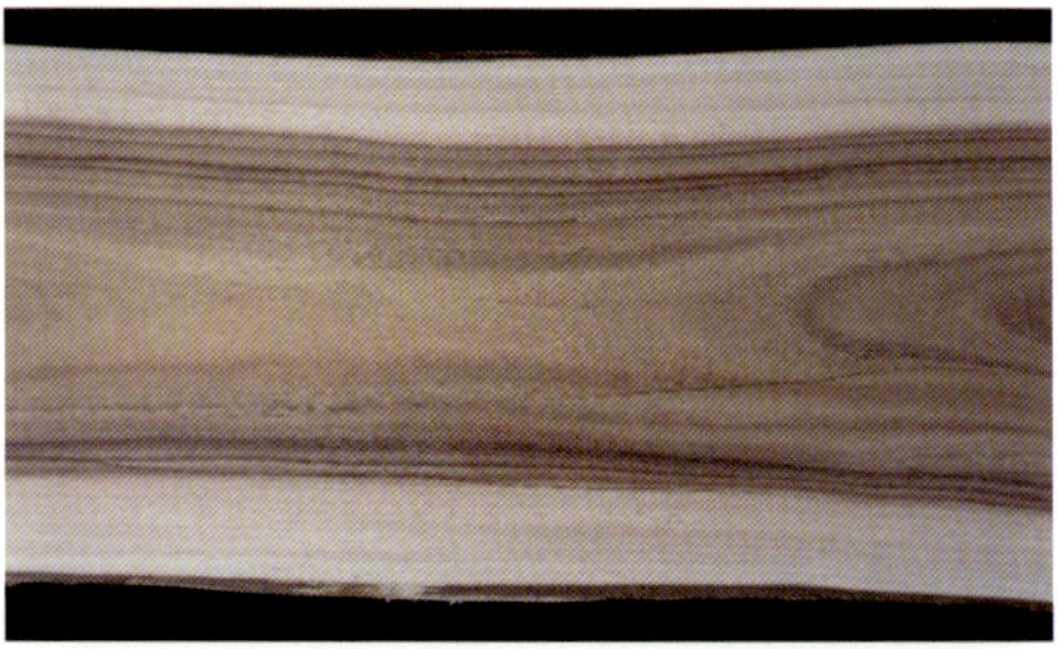

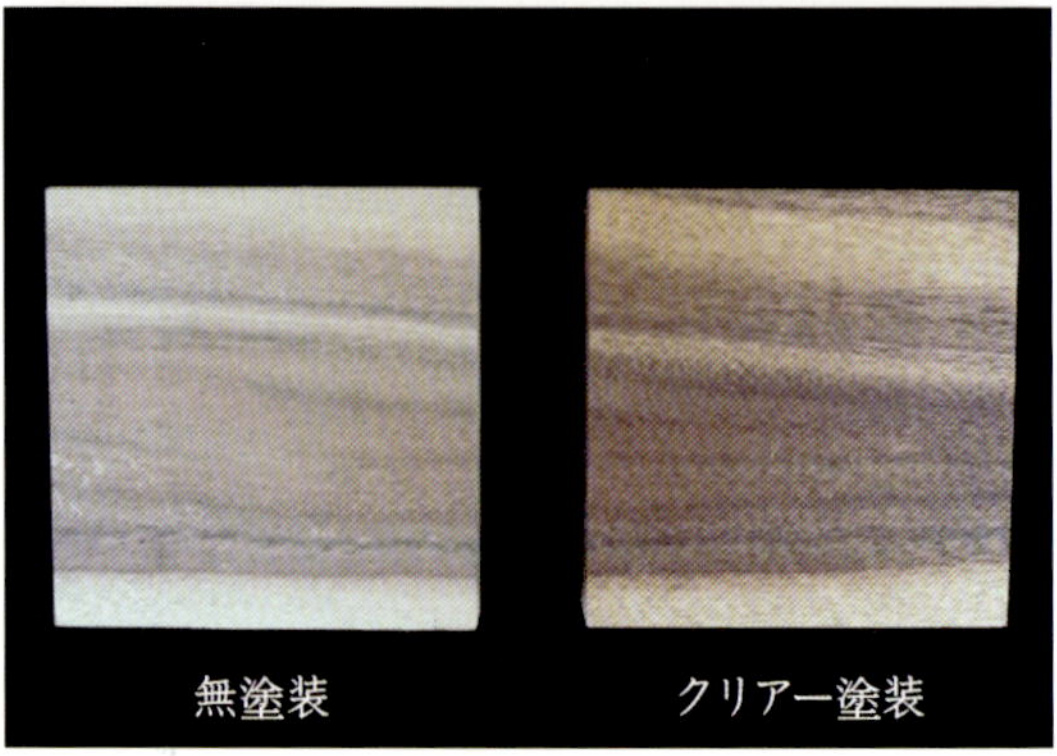

無塗装　　クリアー塗装

材の入手難易度	＊＊＊＊＊
方言名	ソーシギ、ソーシジ、タイワンヤナギ
分類	マメ科アカシア属、常緑高木
主な産地と分布	フィリピン、台湾、沖縄
樹皮の特徴	黒っぽい茶色に灰色を混ぜた色。細木の時にはイボ状の小さな突起があり、太木になると縦横に浅い割れが生じる。
材の硬さ	＊＊＊＊＊＊＊＊＊＊
材の色味と模様	辺材はほんのり黄みのある茶色で、心材は赤みのある茶色～暗めの茶色。ウォールナットに似た模様でとても美しい木目である。
材の香り	土や粘土のような香り。
材の特徴	タモ材と同等の硬さ。伸縮率が高く、材が暴れて扱いにくい為加工は容易ではない。
主な用途	防風林、公園樹、街路樹、器具材、薪炭材
家具建材用途	暴れるので建材には不向き。家具も天板などの幅広いものは不向き。剥ぎ合わせも暴れるため向いていない。小物や雑貨、器等には可。
備考	「相思樹」という名前の由来には中国の悲しくも素敵な物語がある。

十二　タブノキ　椨

撮影日時　2019年3月3日(土)　午後1時半ごろ

撮影場所　南風原町　　　／撮影時の天候　晴れ

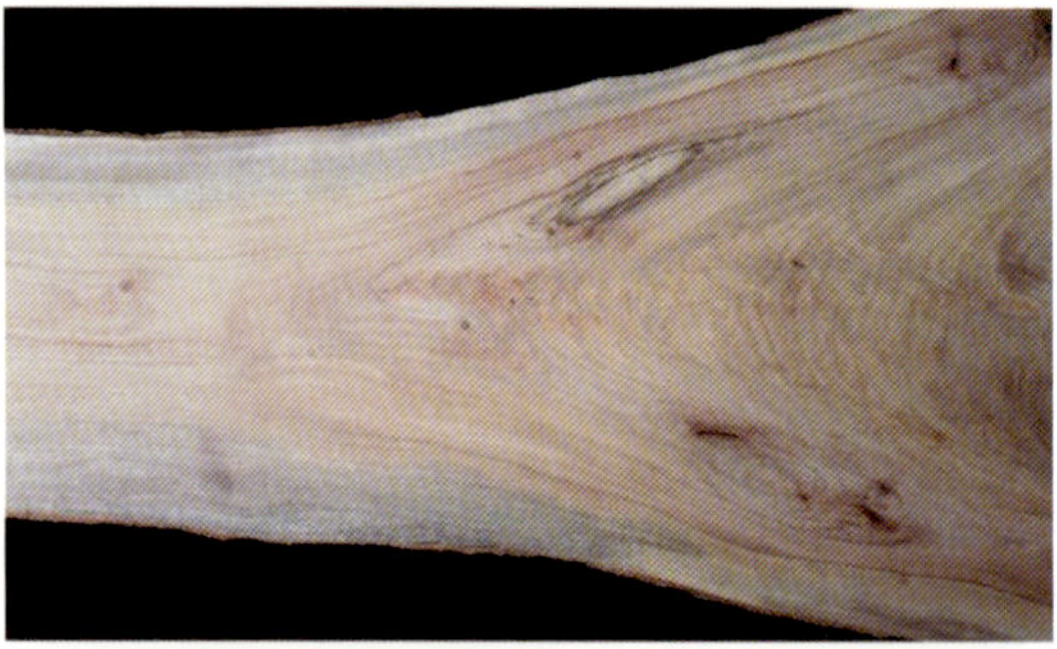

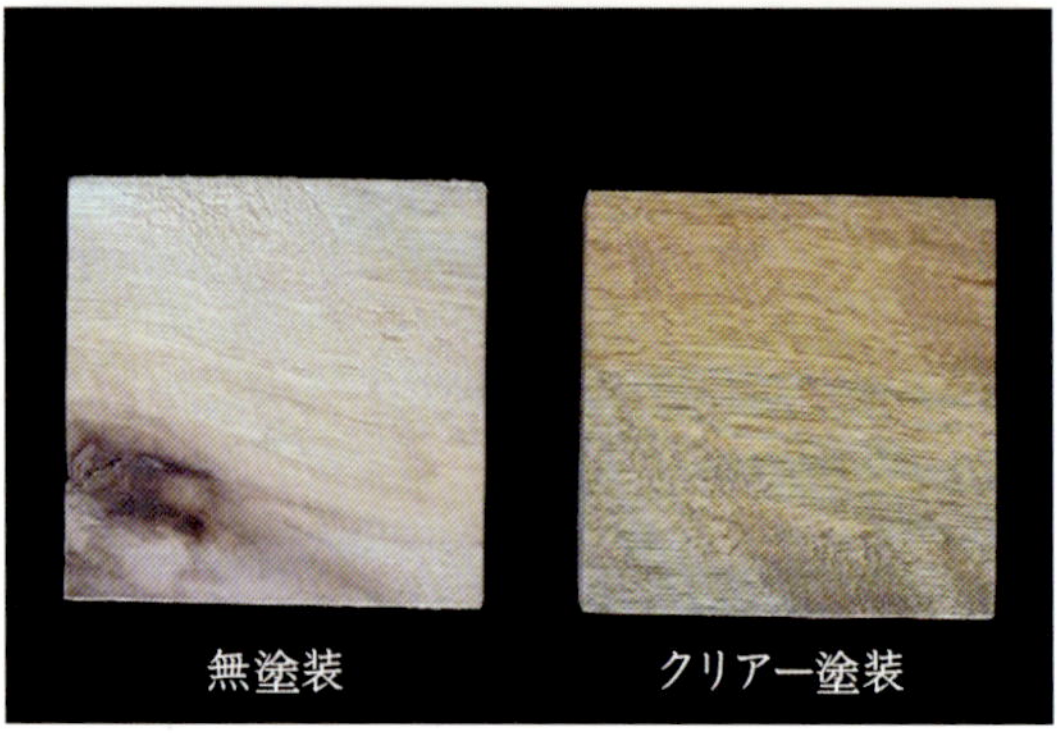

無塗装　　　クリアー塗装

材の入手難易度	＊＊＊＊＊
方言名	タブキ、トゥムギー
分類	クスノキ科タブノキ属、常緑高木
主な産地と分布	本州、四国、沖縄。低地～山地に生えている。
樹皮の特徴	薄いグリーン系の灰色と薄い茶色を混ぜたような色。イボ状の小さな突起が全体的にある。この突起が小さな唇のように見える。
材の硬さ	＊＊＊＊＊＊＊＊＊＊
材の色味と模様	心材は赤みのある茶色で、辺材は黄色っぽいベージュ～ほんのり赤みのある茶色。木目は斑模様で、まれにタブ杢という巻雲紋杢がでる。
材の香り	表現しにくい独特な香りがする。いい香りとは言えない。
材の特徴	材は有用で加工性は高いが、割れやすく暴れやすい。緻密さは並。杢が現れやすい。
主な用途	公園樹、街路樹、防風林、家具材、漆喰・線香の原料
家具建材用途	建材利用は不向き。家具は丁寧に扱えばテーブルなども製作でき良好である。

十三　デイゴ　梯梧

撮影日時　2019 年 3 月 14 日(木)　午後 5 時半ごろ

撮影場所　金武町　　　　　　／ 撮影時の天候　曇り

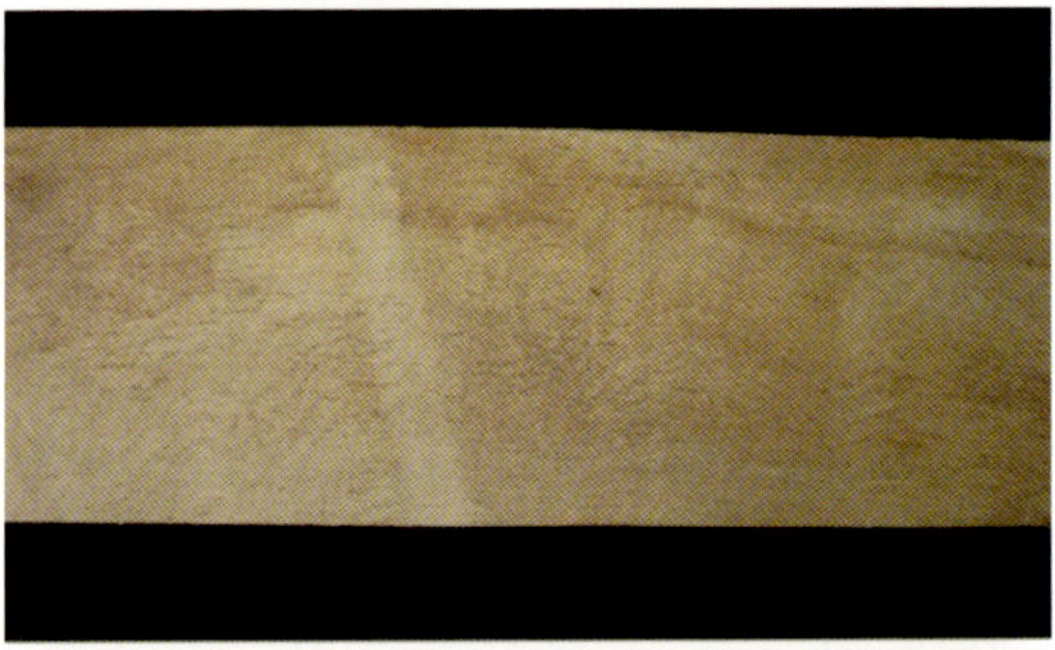

無塗装

クリアー塗装

材の入手難易度	＊＊＊＊＊
方言名	ディグ
分類	マメ科デイゴ属、落葉高木
主な産地と分布	インド、亜熱帯各地、沖縄
樹皮の特徴	幹は灰色で波模様がある。ゾウの皮膚に似ている。
材の硬さ	＊＊＊＊＊＊＊＊＊＊
材の色味と模様	辺材・心材ともにクリームのような色合い。黒い点がまれに出る。
材の香り	ほぼ無臭である。
材の特徴	日本の木材の中でも最も軽軟脆弱である。道管が大きい。想像以上に軽く軟らかい為、分厚い一枚板を子どもでも軽々と持てるかもしれない。
主な用途	公園樹、街路樹、防風防潮林、琉球漆器の素材
家具建材用途	柔らかいので建材には不向き。器や小物雑貨などは可。
備考	沖縄の県花で、三大名花の一つである。

十四　テリハボク　照葉木

撮影日時　2019年2月18日(月)　午前12時半ごろ

撮影場所　那覇市　　　　　　／ 撮影時の天候　曇り

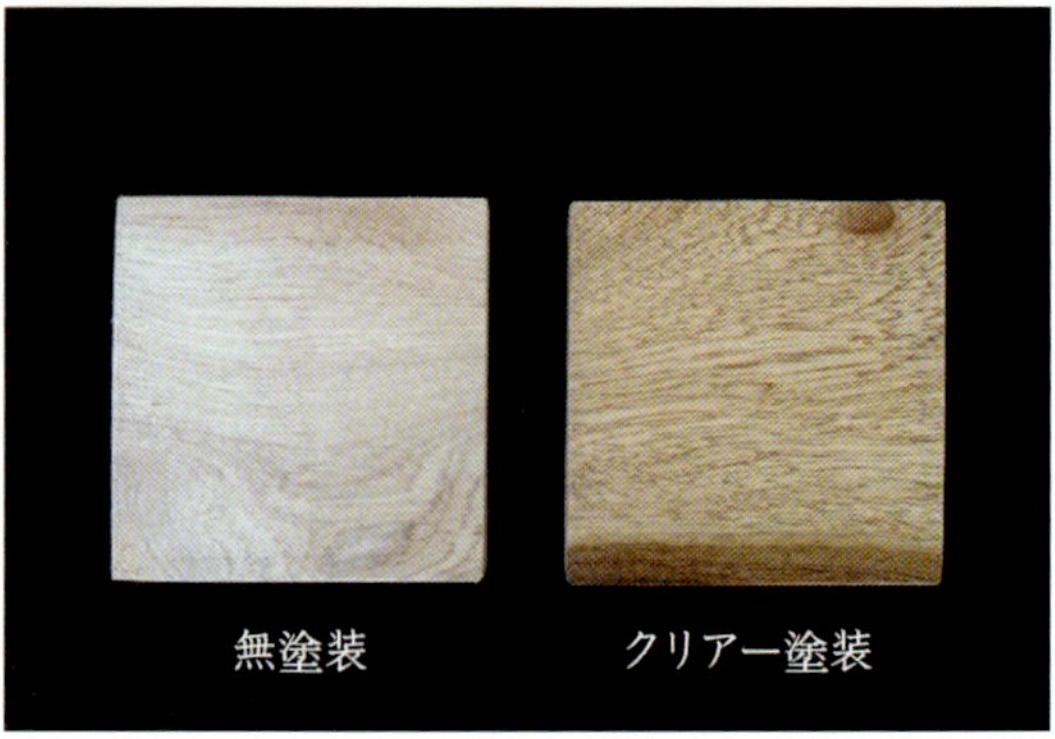

材の入手難易度	＊＊＊＊
方言名	ヤラブ、タマナ
分類	オトギリソウ科テリハボク属、常緑高木
主な産地と分布	マダガスカル、奄美大島、台湾、沖縄諸島、先島諸島。低地や海岸沿いに生えている。
樹皮の特徴	灰色に赤茶色の幅広い縦割れがある。ワニの鱗のような模様をしている。
材の硬さ	＊＊＊＊＊＊＊＊＊
材の色味と模様	辺材は薄い茶色、心材は茶色～濃い赤土色。木目は美しく不規則でまるで小川のようである。美しい条紋がある。磨けば光沢も出る。
材の香り	ほぼ無臭。
材の特徴	風雨に対してかなりの耐久性がある。幹は直径三十センチ～五十センチ程度になる。
主な用途	防風防潮林、街路樹、指物、挽物
家具建材用途	家具建材共に良好。高級家具として用いられる。
備考	材としてはとても優秀だが入手が非常に難しい。

十五　ハマセンダン　浜栴檀

撮影日時　2019年4月7日(日)　午後1時ごろ

撮影場所　国頭村　／撮影時の天候　晴れ

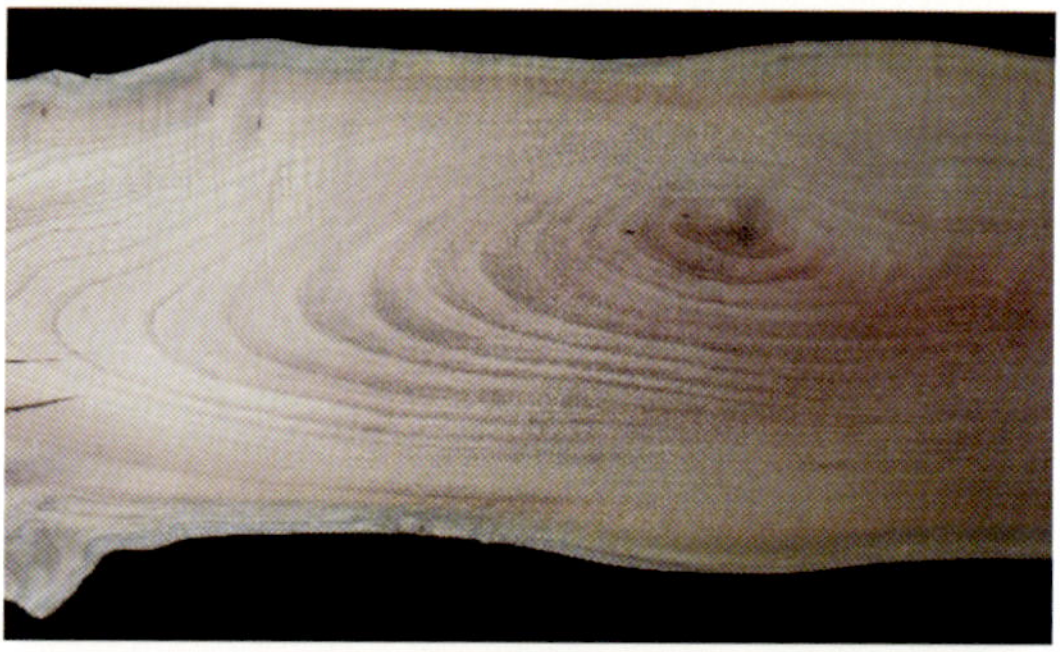

無塗装　　クリアー塗装

材の入手難易度	*****
方言名	シマクルキ、ヤマクルキ
分類	ミカン科ゴシュユ属、落葉高木
主な産地と分布	中国、台湾、南日本、沖縄
樹皮の特徴	茶色に白い斑点がある。横並びの小さなイボ状の突起があり、白色の点字のように見える。若いホルトノキに少し似ているが、若いホルトノキは縦並びなのでそこで見分ける。
材の硬さ	**********
材の色味と模様	心材は濃い茶色で、辺材は黄色系の茶色。経年変化で黒糖や黒蜜のような色味になる。
材の香り	香りは強く、クリーミーで甘い香りがする。
材の特徴	材質はスギ材と同等で加工は容易。幹は直径一メートルにもなるが、低い位置で枝分かれするため長ものがなかなか取れない。
主な用途	街路樹、建築材、家具材、指物、漆器、下駄
家具建材用途	加工がしやすく暴れないので家具には良好。材としては優秀だが、長ものが取れないため建材としては少々不向き。
備考	ハマセンダンの切り株の上に座るとズボンのお尻が真っ黒になる。

十六　フクギ　福木

撮影日時　2019年2月9日(土)　午後3時半ごろ

撮影場所　那覇市　　／ 撮影時の天候　曇り

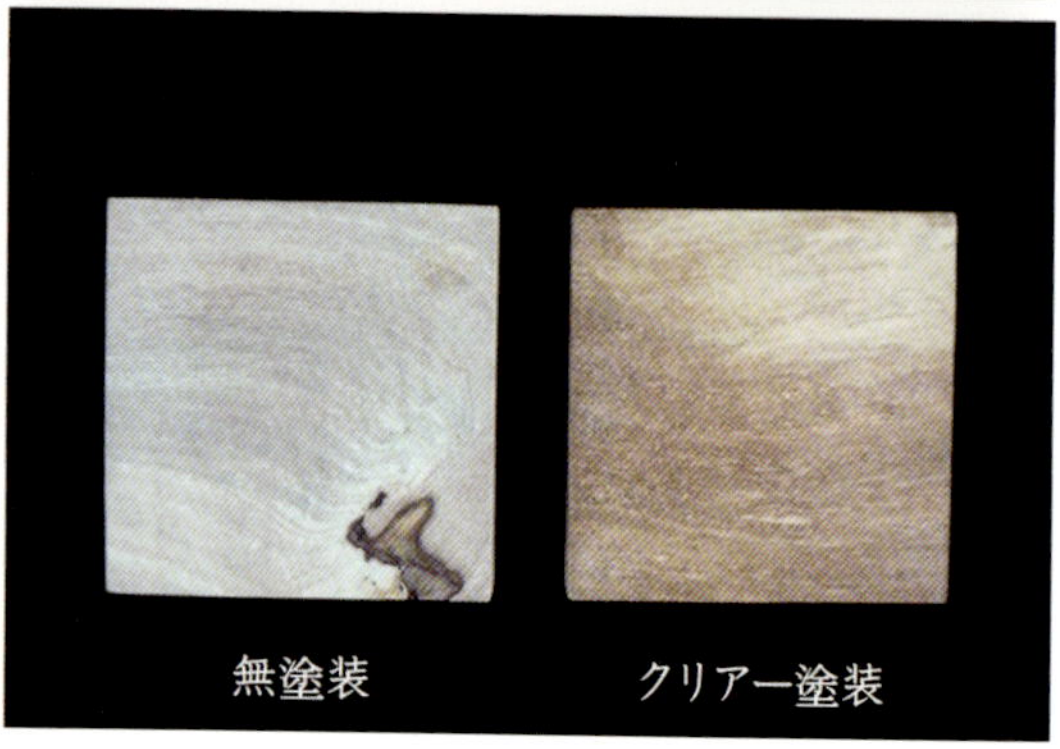

材の入手難易度	＊＊＊＊＊
方言名	カジキ、フクキ
分類	オトギリソウ科フクギ属、常緑高木
主な産地と分布	フィリピン、奄美大島、沖縄
樹皮の特徴	濃い茶色に白い斑点や模様がある。一・五メートルぐらいの高さから、枝や葉が生えてくるので、幹の下の方はスッキリしている。
材の硬さ	＊＊＊＊＊＊＊＊＊＊
材の色味と模様	全体的に白っぽい黄色〜グレー系の茶色の斑模様。木目は全体的にハッキリしていない。
材の香り	ほんのりゴムのような香りがする。イタジイの香りと少し似ている。
材の特徴	スギ材よりは硬く緻密さは並。暴れやすく割れやすい。虫害に弱いが、仕上がりは良好。
主な用途	防風防潮林、街路樹、黄色の染料（樹皮）
家具建材用途	建材としては、暴れやすく割れやすい為不向き。家具としては幅広い板材がない為不向き。器や小物雑貨等としては良好。

十七　ホルトノキ

撮影日時　2019年3月11日(月)　午前11時半ごろ

撮影場所　今帰仁村　　／撮影時の天候　晴れ

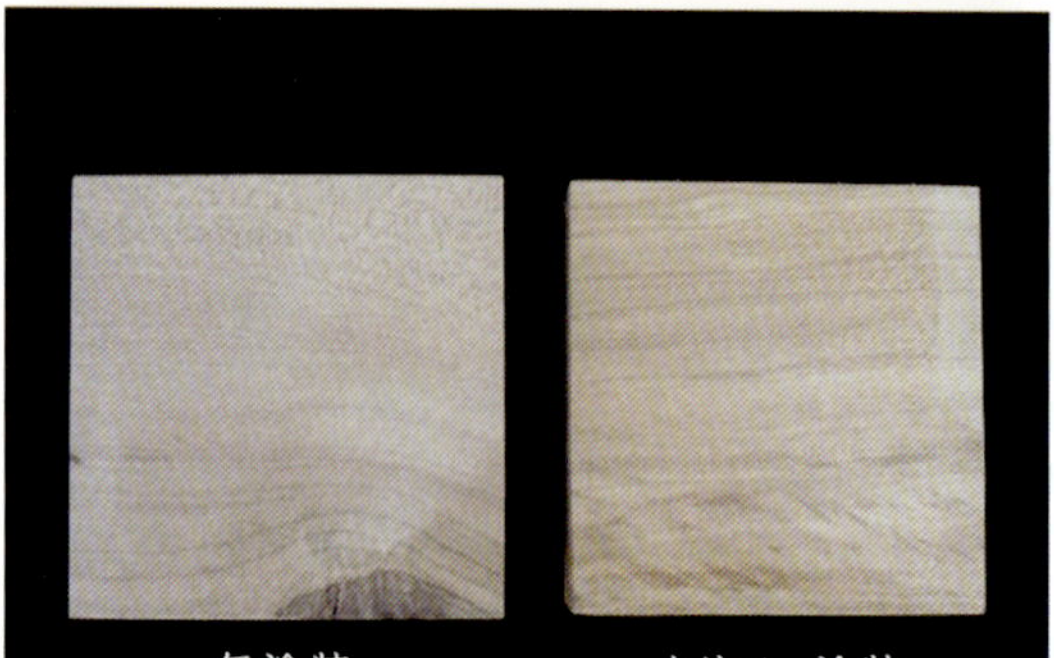

無塗装　　クリアー塗装

材の入手難易度	＊＊＊＊＊
方言名	クルサ
分類	ホルトノキ科ホルトノキ属、常緑高木
主な産地と分布	中国、台湾、関東南部～九州、小笠原諸島、沖縄
樹皮の特徴	焦げ茶色で所々に灰色の斑点がある。若木のときは縦に皮目があり、大木になると縦横に割れが出てくる。
材の硬さ	＊＊＊＊＊＊＊＊＊
材の色味と模様	辺材・心材ともにくすんだクリーム色で、時折濃い茶色の模様が出る。主張しすぎない模様なのでやさしい印象がある。
材の香り	ほぼ無臭。
材の特徴	軽軟で、硬さや緻密さはヒバ材と同等に感じる。加工は容易。幹の直径は三十センチ程度が多いが、中には一メートルほどの大きさに成長するものもある。
主な用途	庭園樹、緑陰樹、公園樹、街路樹
家具建材用途	建材としては、あまり長ものが無いため並。家具用途は、イスやベンチなどに良好。

十八　モクマオウ　木麻黄

撮影日時　2019年2月18日(月)　午前11時半ごろ

撮影場所　那覇市　　　　　／撮影時の天候　晴れ

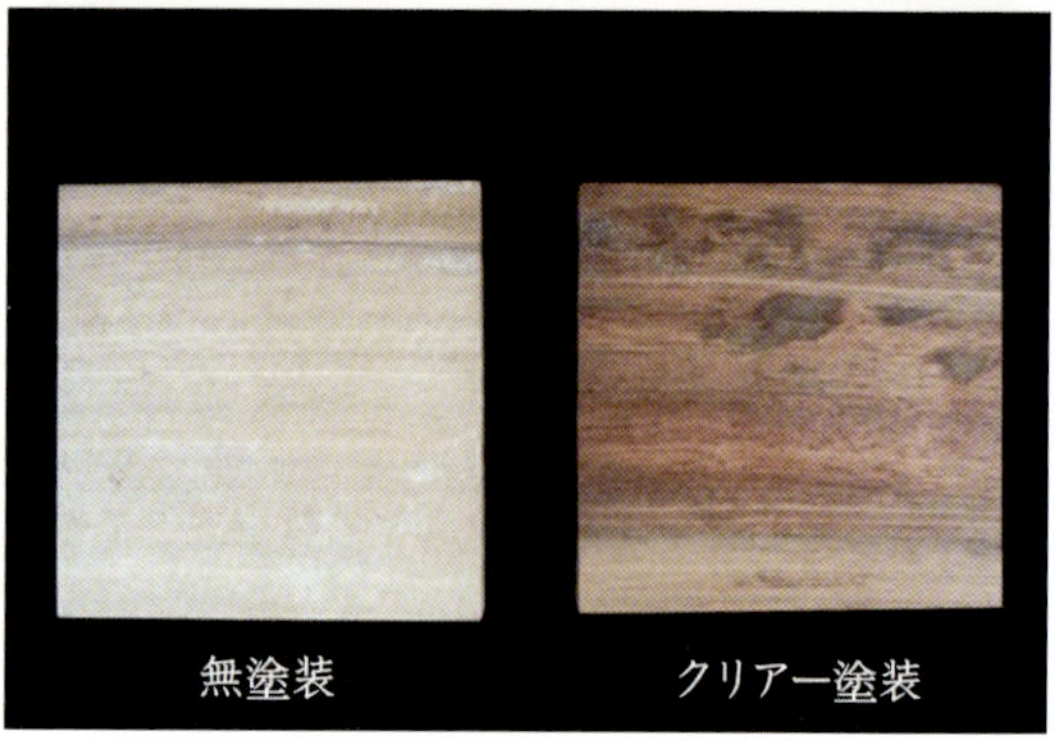

無塗装　　　　クリアー塗装

材の入手難易度	＊＊＊＊＊
方言名	ベイマツ、モクウ、モクマオー
分類	モクマオウ科モクマオウ属、常緑高木
主な産地と分布	オーストラリア、熱帯各地、沖縄
樹皮の特徴	黒っぽい茶色〜赤茶と灰色が混ざった色。縦割れの樹皮は薄く、鳥の羽毛のように重なり合っていて、簡単に手でむくことができる。
材の硬さ	＊＊＊＊＊＊＊＊＊＊
材の色味と模様	全体的にほんのり赤みのある茶色〜濃いめの赤茶色で、ウォールナットの薄い色とよく似ている。木目はややはっきりしていて、なめらかで大変美しい。
材の香り	ほぼ無臭。
材の特徴	材はオーク材やタモ材よりも硬くて緻密。加工は大変困難。割れやすく反りやすい。
主な用途	防風防潮林、街路樹、生垣、盆栽、薪炭材
家具建材用途	木目が大変美しいので、この木で家具を作ると見栄えがする。加工が大変困難なため、製作は容易ではない。建材としては不向きだろう。

十九　モモタマナ（コバテイシ）

撮影日時　2019年3月30日(土)　午後1時半ごろ

撮影場所　大宜味村　　　／撮影時の天候　晴れ

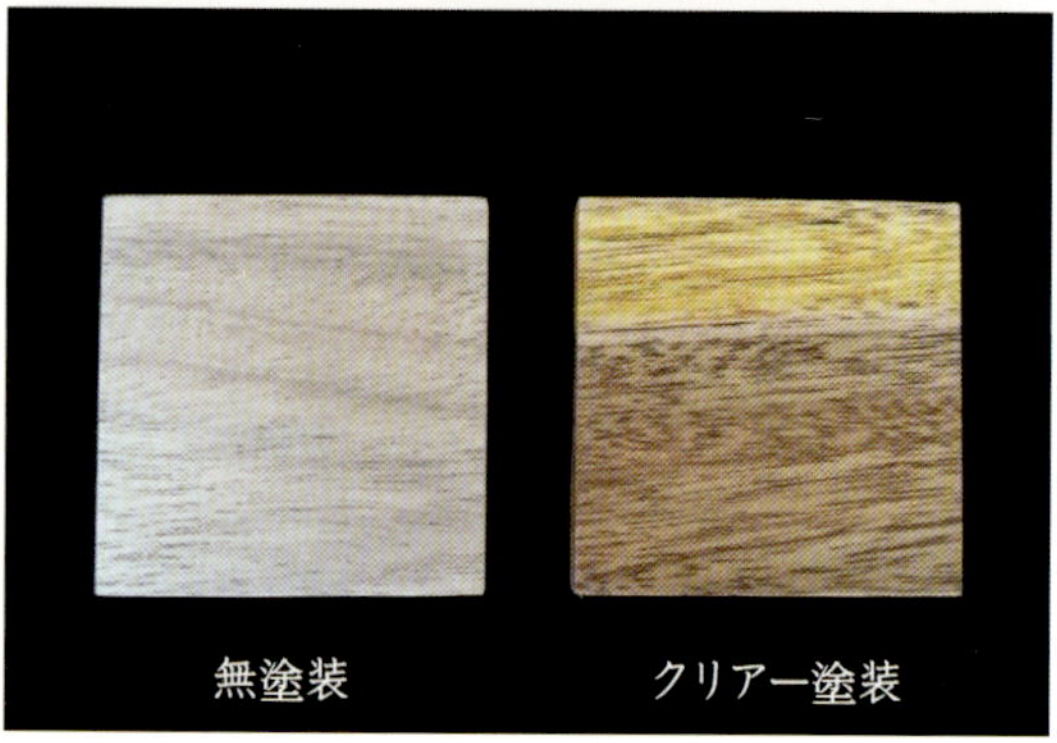

材の入手難易度	＊＊＊＊＊
方言名	クバティーサ、クファデーサー
分類	シクンシ科モモタマナ属、半落葉高木
主な産地と分布	台湾、沖縄、熱帯各地の海岸
樹皮の特徴	ベージュ系の茶色。若木は縦割れが目立つ程度だが、大木は縦横に深い割れが出る。
材の硬さ	＊＊＊＊＊＊＊＊＊＊
材の色味と模様	辺材は淡い黄色、心材は茶色。木目はメラピー材に近く、色味はスギ材に似ている。
材の香り	ほぼ無臭。
材の特徴	肌目や硬さは並でメラピー材と同等。加工は容易だが、割れが出る。
主な用途	街路樹、緑陰樹、家具材
家具建材用途	割れがある為建材には不向き。家具としては机やベンチには良好。小物雑貨も可。
備考	ほとんど流通していないため、まとまった量の入手が難しい。

二十　ヤエヤマネコノチチ　八重山猫乳

撮影日時　2019年3月11日(月)　午前11時ごろ

撮影場所　本部町　／撮影時の天候　晴れ

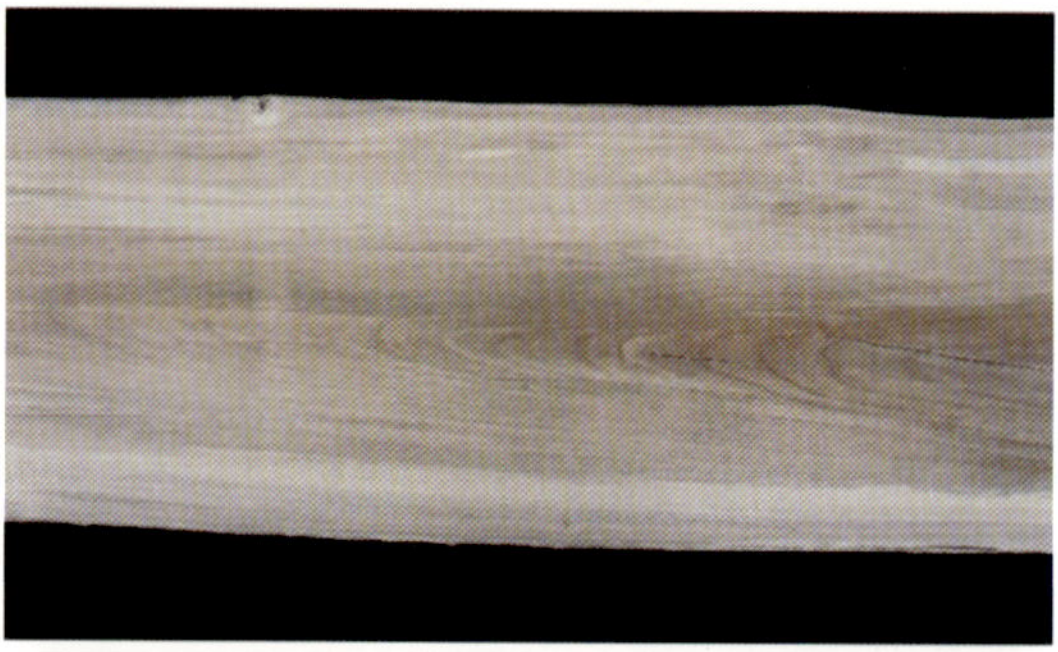

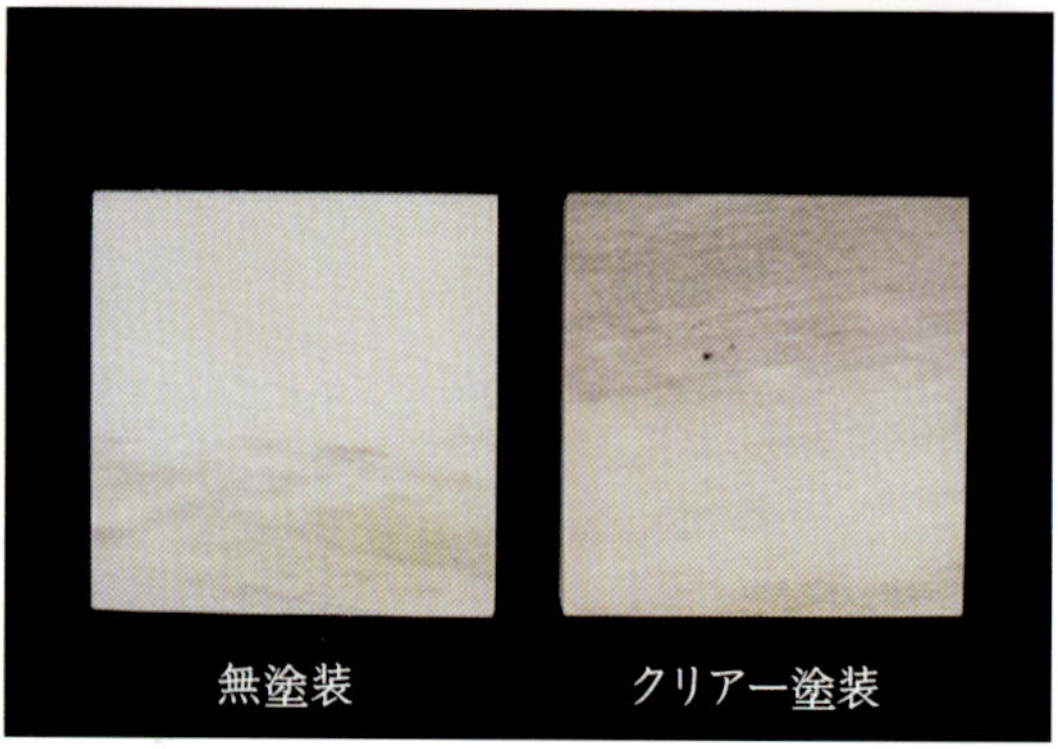

材の入手難易度	＊＊＊＊＊
方言名	ヤマクワー、ヤマクワーギ
分類	クロウメモドキ科ネコノチチ属、落葉小高木
主な産地と分布	奄美大島以南、徳之島、沖縄
樹皮の特徴	焦げ茶と薄い紅色が混ざった色。白い斑点模様があり、縦や斜めに割れ目がある。
材の硬さ	＊＊＊＊＊＊＊＊＊
材の色味と模様	辺材・心材ともに淡いクリーム色~淡いグレー系の白色。木目ははっきりせず控えめ。他に類を見ない色味を持っている。
材の香り	ほぼ無臭。
材の特徴	緻密でスギ材よりも少し硬い。ひび割れもあまりなく良好。幅広の木材はほぼ無く、大きくても三十センチ程度である。
主な用途	建築材、指物、楽器材
家具建材用途	長ものがないので建材にはやや不向き。小さめの家具や雑貨などには良好。
備考	絶滅危惧種Ⅱ類になっている。葉は沖縄の天然記念物「フタオチョウ」のエサである。実が猫の乳房に似ていることからこの名がついている。

二十一　リュウキュウコクタン　琉球黒檀

撮影日時　2019年2月18日(月)　午後11時半ごろ

撮影場所　那覇市　／撮影時の天候　晴れ

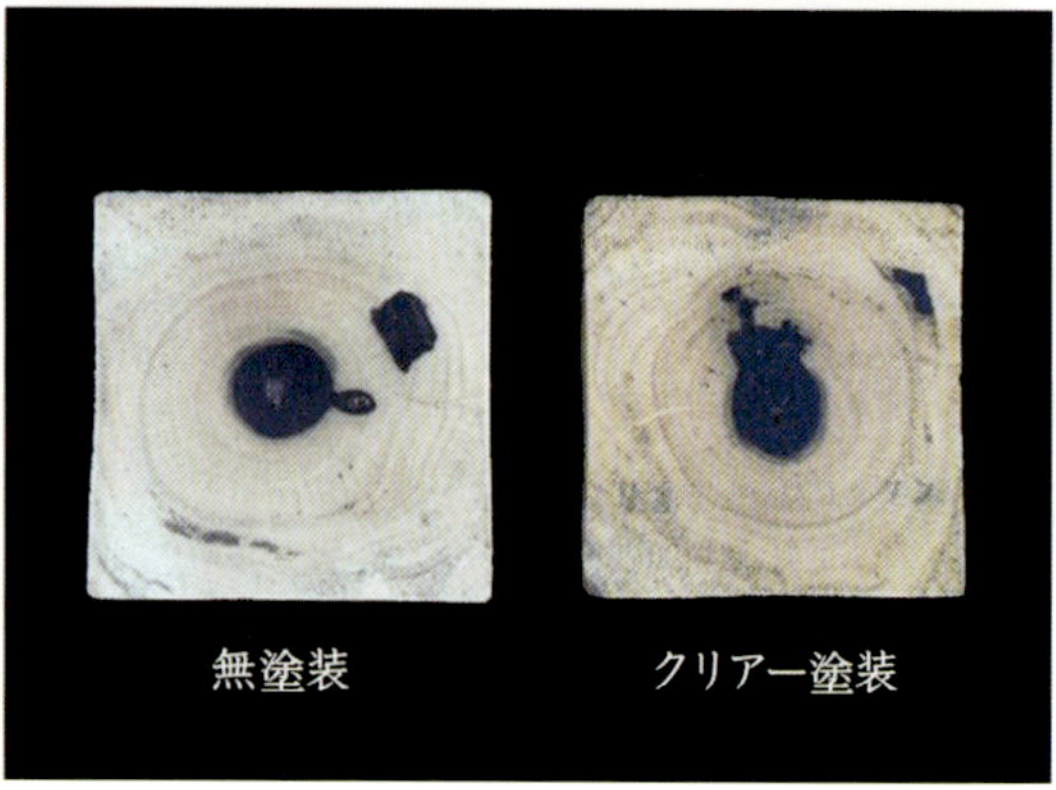

無塗装　クリアー塗装

材の入手難易度	＊＊＊＊＊
方言名	クルキ、クロキ
分類	カキノキ科カキノキ属、常緑中高木
主な産地と分布	台湾、中国南部、インド、スリランカ、マレーシア、奄美大島、沖縄
樹皮の特徴	全体的に焦げ茶色で白い斑点がある。若木にはあまり無いが、大木には縦割れがある。
材の硬さ	＊＊＊＊＊＊＊＊＊＊
材の色味と模様	辺材は竹の内側のような色でほんのり黄味のある白色。心材は濃い黒色で鉛筆の芯に似ている。心材は真っ黒で模様はほとんどない。辺材には黒色の細いラインが入っている。
材の香り	ほんのり梨の香りがする。
材の特徴	非常に硬い為、釘などを打つと材が割れてしまう。磨けば光沢が出る。樹皮に近い白太を除いて心材の黒い部分だけにすると、比重が重く水に沈む。
主な用途	街路樹、木炭、三線の棹、器、楽器（三板、カスタネット）、仏壇
家具建材用途	釘を打つと割れ易いため、建材や家具には不向き。釘を打たずに製作できる楽器や器には良好。太い木は、希少価値があり入手は非常に難しい。

二十二　リュウキュウマツ　琉球松

撮影日時　2019年3月30日(土)　午後1時半ごろ

撮影場所　豊見城市　／撮影時の天候　晴れ

無塗装　クリアー塗装

材の入手難易度	＊＊＊＊＊
方言名	シママーチ、マーチ
分類	マツ科マツ属、常緑高木
主な産地と分布	鹿児島南部、沖縄。海岸沿いによく生える。
樹皮の特徴	赤茶色で縦や斜めに粗く割れている。割れの深さはクスノキと同程度。
材の硬さ	＊＊＊＊＊＊＊＊＊＊
材の色味と模様	薄い黄味がかったベージュ。木目ははっきりしていて波のようである。
材の香り	辺材はホームセンターの木材コーナーの香り、節は漢方薬のような香りがする。
材の特徴	油分が多くツヤがある。反りやすく、割裂もするが強度はある。水湿に強い。節が多い。やや軽軟で加工は容易。幹の直径は大きいもので一メートルにもなる。
主な用途	庭木、公園樹、家具材
家具建材用途	県産材の中で唯一よく流通している。建材・家具ともに良好である。
備考	沖縄の県木で、昔から家具などに用いられてきた。

おきなわの森写真集

那覇にある小川
夏にはホタルの観察ができる大切な場所

貴重な極相林《きょくそうりん》
昔から形を変えずに残っている

アマミアラカシの大木
大きなドングリができる木です

コンクリートの支柱で支えられた巨大なアコウの木
巨樹で古木のものは各地で天然記念物に指定されている

やんばるの美しい山と海と森

やんばるの山中

やんばるの豊かな森

やんばるの水源林

やんばるの山と木の生育のこと

一九四五年に起きた沖縄戦によって、当時の沖縄県中南部は一面焼け野原になりました。復興に必要な木材は、沖縄北部のやんばるの山から大量に切り出され中南部に運ばれて行きました。しかし、本土から材木が入ってくるまで約二十年間木を伐採したため、六十年前のやんばるの山は禿げ山同然だったそうです。

「このままではいけない」

と山を再生させるために北部の住民や行政関係者が苦労して植林してくれたおかげで、現在の豊かなやんばるの山があるのです。そのため比較的身近な山に生えている木は戦後植林されたものの為、それほど幹は太くありません。実際に見た人はきっと、五十年以上経ってやっとこの太さになるのかと驚愕することでしょう。

テリハボクの木を求めて石垣島に出向いた際には、八重山森林組合の平山英次さんとお会いしました。森林組合では、木を一本伐採する代わりに三本植林をして豊かな山を育てているのですが、その際は植林をして一年ほどのテリハボクを見せて頂きました。

「これらが木材として収穫できるのは約四十年~六十年後で、私たちは生きていないかもしれない」

平山さんのその言葉を聞いて、改めて木が育つまでに長い年月と手間がかかることを痛感しました。長い間木を扱う仕事をしておりますが、『おきなわ木材手帖』を創ることでこれまで以上に木と向き合うことができたと思います。

テリハボクの乾燥した実
コロコロと重なり合って可愛らしい

平山さんの手にころがるテリハボクの乾燥した実
こんな形のおつまみがあった気がする

実をからむきして出てきたテリハボクの種
丸くまっ白で大豆のようだ

テリハボクの種植え
手慣れた様子で次々と植えていく

少し成長したテリハボク

この頃のテリハボクの葉はフクギとよく似ている

平山さんたちが植林したテリハボクの木々（1年半）

まだ50cmほどの高さ

おきなわの木でつくった家具たち

Kusunoki long table
(樂園ＣＡＦＥ)

Design　Luft 真喜志 奈美
Production　有限会社大和産業
Chair　ゆりあ木工房 西銘 圭

Kusunoki table

Itajii chair

(樂園ＣＡＦＥ)

Sendan table
(うつわスカート)

Design & Production　有限会社大和産業

あとがき

数か月間、図鑑やインターネットから木の特徴を調べて、沖縄の木を捜し歩きました。車から見える街路樹に目を凝らし、数多くの公園をくまなく歩き、あてもないやんばるの山（沖縄北部の山）に一人で何度も入りました。光がほとんど届かない小川の流れる山奥まで入り怖い思いもしましたが、熱意で探索を続けました。

しかし、山中では目印となる葉や花、実などが他の木と重なり合っているため見分けづらく、高木の場合はそれらが目視できる位置にありませんでした。

そこで、木の低い位置で確認できる樹皮で見分ける方法を試しました。図鑑やインターネットには樹皮の情報が殆どない為、見極めにはとても苦労しました。

けれどもやはり情報不足で、やんばるの山に生えているはずの三種類をどうしても見つけられず、最終的に有限会社仲井間林業の仲井間宗利さんの協力を頂いて探し出すことができました。仲井間さん本当にありがとうございました。

そして、マルイ木材の佐久川長一さん、企業組合キンモクさん、八重山森林組合さん、皆さまのお陰で木材の調達ができました。重ねてお礼を申し上げます。

最後に

恥じる気持ちが動機となりいろいろ調査をしてきましたが、沖縄の木には魅力的な個性があり、大きな存在価値があると確信いたしました。『おきなわ木材手帖』を手に取り読んでくださった皆様に、それが伝わることを願っております。

自然の猛威に耐えて、沖縄の大地で木は頑張っています。中には絶滅危惧種の木もあります。しかし、何十年もかけて育った木が都市開発事業などで伐採され、そのままゴミとして捨てられていくのが現状で、資源をうまく活用する仕組みが確立されていないことが本当に残念です。

皆さまの日々の生活にも”木のもの“があると思います。その”木のもの“はどこかの山で長い年月をかけて育ってきたはずです。そんな彼らのルーツにも思いを馳せてみるのも素敵なことだと思いますので、皆さまもぜひ想像したり、調べてみたりしてみてください。

「こんなはずじゃなかった」と彼らを悲しませないように、木の価値が上がる商品を考案・製作し、皆さまに木の素晴らしさを再認識して頂けるよう弊社一同取り組んでまいります。

『OKINAWA』について

『OKINAWA』は『おきなわ木材手帖』と木材の実物サンプル二十一種類がセットになった木製鞄型の商品です。

木の生育場所と尊敬の意を込めて、手帖と木製サンプルが同封された木製鞄の内張りに、琉球絣の生地貼りを施しました。沖縄の自然で生まれたものを一つにまとめたことから商品名を『OKINAWA』と致しました。この商品は学校・教育機関・官庁役所・建設会社・設計事務所・木工製作に携わる方に、教育やビジネスなどの場面でお使いいただければと思います。

『OKINAWA』が沖縄の木の価値を高め、皆さまのお役に立つことができれば幸いでございます。（※左下の写真には本は写っておりません）

『OKINAWA』
令和元年五月二十一日
考案　大城 琢麻（おめかし工場　有限会社大和産業）
デザイン　玉那覇 優理乃（おめかし工場　有限会社大和産業）
製作　普久原 実（おめかし工場　有限会社大和産業）

『OKINAWA』

御協力者様

企業組合キンモク　一同様
マルイ木材　佐久川 長一 様
有限会社仲井間林業　仲井間 宗利 様
八重山森林組合　平山 英次 様
株式会社茶甚　小山 幹太 様
一般社団法人沖縄県木材協会　嘉数 尚廣 様
沖縄県森林組合連合会　新垣 隆 様

参考資料

天野 鉄夫 『図鑑　琉球列島有用樹木誌』 沖縄出版（一九八九年）

本書制作にあたり
ご協力いただきました皆様に
心より感謝申し上げます。

有限会社大和《だいわ》産業《さんぎょう》について

OMEKASHI KOJYO
MADE BY DAIWA SANGYO

昭和五十八年創業の沖縄県豊見城市にある家具製作、内装工事会社。

これまで多くの設計事務所、デザイナー、建設会社、企業等と組み、住宅、店舗、施設等の什器製作、内装工事を手がける。二〇一四年に『おめかし工場』の名で自社ブランド活動を始め、ビー玉遊び台（POKER、天国と地獄）、木製ガチャガチャ等の商品を発表。日本の懐かしいものや心温まるものを基軸に企画、開発を進めている。

おきなわ木材手帖

令和元年八月一日　初版第一刷発行

著　者　大城琢麻（おめかし工場）
編集・装丁・本文デザイン
　　　　玉那覇優理乃（おめかし工場）
企　画　有限会社大和産業
　　　　〒九〇一－〇二四三
　　　　沖縄県豊見城市上田五一五－八
　　　　電　話（〇九八）八五六－二七七九
　　　　http://www.daiwasangyo.biz/
発　行　新星出版株式会社
　　　　沖縄県那覇市港町二－十六－一
製　本　仲本製本所

ISBN978-4-909366-29-0　C0052